I0100019

www.ingramcontent.com/pod-product-compliance
Lightning Source LLC
Chambersburg PA
CBHW080045280326
41935CB00014B/1792

* 9 7 8 1 9 6 8 3 6 9 0 7 1 *

Rasmul Quraan

The Forgotten Practice of Writing Quraan

WorkBook

6

Al-'Imran 15-92, Hizb 6, Juz 3

Timbuktu Seminary

Published in the United States by Timbuktu Press – <www.timbuktupress.com>

Timbuktu Press First Edition, 2025

ISBN: 978-1-968369-07-1

Timbuktu Press® is a registered trademark of Timbuktu Press.

About this Workbook

Traditionally, the memorization of Quraan included writing it out by hand. It was understood that through writing out the Quraan, its aayaat would be sealed into the hearts and minds of the up and coming students. However,with the advent of electronic tablets and video games, the practice of writing out the Quraan has been rapidly disappearing. This workbook is our attempt to fight this dangerous trend.

When a student was preparing to write out the Quraan, he would find a wooden board called a "LawH" to write on. The average LawH could fit a Hizb of Quraan on it. After memorizing the written Hizb, the student would wash the LawH and start writing a new Hizb.

In keeping with this tradition, each one of these workbooks is one Hizb, approximately ten pages in the modern day muS-Haf. Simply trace the aayaat provided, and strengthen your memorization of Allaah's Words.

The entire Workbook series has been organized by Al-Ustaadhah, Umm Mujaahid Faatimah As-Salafy, under my direct supervision. Therefore, please bring any mistakes to my attention.

Abu Taubah Mukhlis
Director of Education/Timbuktu Seminary
26 Sha baan 1446 H/2025 CE

Warning not to Abandon the Quraan

Those who are negligent in learning the Quraan are considered to have abandoned it. And only the enemies of the Prophet MuHammad, abandon the Quraan. In this regard; Allaah and His Messenger say,

وَ قَالَ ٱلرَّسُولُ يَٰرَبِّ إِنَّ قَوْ مِى ٱتَّخَذُوا۟ هَٰذَا ٱلْقُرْ ءَانَ مَهْجُورًا ٣٠

وَكَذَٰلِكَ جَعَلْنَا لِكُلِّ نَبِىٍّ عَدُوًّا مِّنَ ٱلْمُجْرِمِينَ ۗ وَكَفَىٰ بِرَبِّكَ هَادِيًا وَنَصِيرًا ٣١

The Messenger MuHammad cried out to his Lord saying, "O my Lord, My people have taken to neglecting this Quraan." And in this way, We have taken criminals and made them the enemies of every Prophet. But your Lord is a sufficient Guide and Helper.

And from the guidance and help of our Lord is that He has taught us by way of the PEN. We hope that this workbook inspires you to pick up your pen and write out the Quraan.

Signs & Symbols

صلے

It is better to continue reading, but stopping is permissible.

قلے

It is better to stop reading

ج

Permissible to stop or continue

لا

No Stop

قُلْ أَؤُنَبِّئُكُم بِخَيْرٍ مِّن ذَٰلِكُمْ ج

لِلَّذِينَ ٱتَّقَوْا۟ عِندَ رَبِّهِمْ جَنَّٰتٌ

تَجْرِى مِن تَحْتِهَا ٱلْأَنْهَٰرُ خَٰلِدِينَ

فِيهَا وَأَزْوَٰجٌ مُّطَهَّرَةٌ وَرِضْوَٰنٌ مِّنَ

ٱللَّهِ قلى وَٱللَّهُ بَصِيرٌۢ بِٱلْعِبَادِ 15

ٱلَّذِينَ يَقُولُونَ رَبَّنَآ إِنَّنَآ ءَامَنَّا

فَٱغْفِرْ لَنَا ذُنُوبَنَا وَقِنَا عَذَابَ

ٱلنَّارِ 16 ٱلصَّٰبِرِينَ وَٱلصَّٰدِقِينَ

وَٱلْقَٰنِتِينَ وَٱلْمُنفِقِينَ

وَٱلْمُسْتَغْفِرِينَ بِٱلْأَسْحَارِ 17

شَهِدَ ٱللَّهُ أَنَّهُۥ لَآ إِلَٰهَ إِلَّا هُوَ

وَٱلْمَلَٰٓئِكَةُ وَأُوْلُواْ ٱلْعِلْمِ قَآئِمًۢا

بِٱلْقِسْطِ ج لَآ إِلَٰهَ إِلَّا هُوَ ٱلْعَزِيزُ

ٱلْحَكِيمُ 18 إِنَّ ٱلدِّينَ عِندَ ٱللَّهِ

ٱلْإِسْلَٰمُ قلى وَمَا ٱخْتَلَفَ ٱلَّذِينَ

أُوتُوا۟ ٱلْكِتَٰبَ إِلَّا مِنۢ بَعْدِ مَا

جَآءَهُمُ ٱلْعِلْمُ بَغْيًۢا بَيْنَهُمْ قلى وَمَن

يَكْفُرْ بِـَٔايَٰتِ ٱللَّهِ فَإِنَّ ٱللَّهَ سَرِيعُ

ٱلْحِسَابِ 19 فَإِنْ حَآجُّوكَ فَقُلْ

أَسْلَمْتُ وَجْهِىَ لِلَّهِ وَمَنِ ٱتَّبَعَنِ قلى

وَقُل لِّلَّذِينَ أُوتُوا۟ ٱلْكِتَـٰبَ

وَٱلْأُمِّيِّـۧنَ ءَأَسْلَمْتُمْ ج فَإِنْ

أَسْلَمُوا۟ فَقَدِ ٱهْتَدَوا۟ صلى وَّإِن تَوَلَّوْا۟

فَإِنَّمَا عَلَيْكَ ٱلْبَلَـٰغُ قلى وَٱللَّهُ بَصِيرٌۢ

بِٱلْعِبَادِ 20 إِنَّ ٱلَّذِينَ يَكْفُرُونَ

بِـَٔايَٰتِ ٱللَّهِ وَيَقْتُلُونَ ٱلنَّبِيِّـۧنَ بِغَيْرِ

حَقٍّ وَيَقْتُلُونَ ٱلَّذِينَ يَأْمُرُونَ

بِٱلْقِسْطِ مِنَ ٱلنَّاسِ فَبَشِّرْهُم

بِعَذَابٍ أَلِيمٍ 21 أُو۟لَـٰٓئِكَ ٱلَّذِينَ

حَبِطَتْ أَعْمَـٰلُهُمْ فِى ٱلدُّنْيَا

وَٱلْـَٔاخِرَةِ وَمَا لَهُم مِّن نَّـٰصِرِينَ 22

أَلَمْ تَرَ إِلَى ٱلَّذِينَ أُوتُوا۟ نَصِيبًا

مِّنَ ٱلْكِتَـٰبِ يُدْعَوْنَ إِلَىٰ كِتَـٰبِ

ٱللَّهِ لِيَحْكُمَ بَيْنَهُمْ ثُمَّ يَتَوَلَّىٰ

فَرِيقٌ مِّنْهُمْ وَهُم مُّعْرِضُونَ 23

ذَٰلِكَ بِأَنَّهُمْ قَالُواْ لَن تَمَسَّنَا ٱلنَّارُ

إِلَّآ أَيَّامًا مَّعْدُودَٰتٍ ۖ وَغَرَّهُمْ فِى

دِينِهِم مَّا كَانُواْ يَفْتَرُونَ 24

فَكَيْفَ إِذَا جَمَعْنَٰهُمْ لِيَوْمٍ لَّا

رَيْبَ فِيهِ وَوُفِّيَتْ كُلُّ نَفْسٍ مَّا

كَسَبَتْ وَهُمْ لَا يُظْلَمُونَ 25

قُلِ ٱللَّهُمَّ مَٰلِكَ ٱلْمُلْكِ تُؤْتِى

ٱلْمُلْكَ مَن تَشَآءُ وَتَنزِعُ ٱلْمُلْكَ

مِمَّن تَشَآءُ وَتُعِزُّ مَن تَشَآءُ وَتُذِلُّ

مَن تَشَآءُ ۖ بِيَدِكَ ٱلْخَيْرُ ۖ إِنَّكَ

عَلَىٰ كُلِّ شَىْءٍ قَدِيرٌ 26

تُولِجُ ٱلَّيْلَ فِي ٱلنَّهَارِ وَتُولِجُ

ٱلنَّهَارَ فِي ٱلَّيْلِ ۖ وَتُخْرِجُ ٱلْحَىَّ

مِنَ ٱلْمَيِّتِ وَتُخْرِجُ ٱلْمَيِّتَ مِنَ

ٱلْحَىِّ ۖ وَتَرْزُقُ مَن تَشَآءُ بِغَيْرِ

حِسَابٍ 27 لَّا يَتَّخِذِ ٱلْمُؤْمِنُونَ

ٱلْكَـٰفِرِينَ أَوْلِيَآءَ مِن دُونِ

ٱلْمُؤْمِنِينَ ۖ وَمَن يَفْعَلْ ذَٰلِكَ

فَلَيْسَ مِنَ ٱللَّهِ فِى شَىْءٍ إِلَّآ أَن

تَتَّقُوا۟ مِنْهُمْ تُقَىٰةً ۗ وَيُحَذِّرُكُمُ ٱللَّهُ

نَفْسَهُۥ ۗ وَإِلَى ٱللَّهِ ٱلْمَصِيرُ 28

قُلْ إِن تُخْفُوا۟ مَا فِى صُدُورِكُمْ أَوْ

تُبْدُوهُ يَعْلَمْهُ ٱللَّهُ ۗ وَيَعْلَمُ مَا فِى

ٱلسَّمَٰوَٰتِ وَمَا فِى ٱلْأَرْضِ قلے

وَٱللَّهُ عَلَىٰ كُلِّ شَىْءٍ قَدِيرٌ 29

يَوْمَ تَجِدُ كُلُّ نَفْسٍ مَّا عَمِلَتْ مِنْ

خَيْرٍ مُّحْضَرًا وَمَا عَمِلَتْ مِن

سُوٓءٍ تَوَدُّ لَوْ أَنَّ بَيْنَهَا وَبَيْنَهُۥٓ

أَمَدًا بَعِيدًا قلے وَيُحَذِّرُكُمُ ٱللَّهُ

نَفْسَهُۥ قلے وَٱللَّهُ رَءُوفٌۢ بِٱلْعِبَادِ 30

قُلْ إِن كُنتُمْ تُحِبُّونَ ٱللَّهَ

فَٱتَّبِعُونِى يُحْبِبْكُمُ ٱللَّهُ وَيَغْفِرْ

لَكُمْ ذُنُوبَكُمْ قلے وَٱللَّهُ غَفُورٌ رَّحِيمٌ 31

قُلْ أَطِيعُوا۟ ٱللَّهَ وَٱلرَّسُولَ صلے فَإِن

تَوَلَّوْاْ فَإِنَّ ٱللَّهَ لَا يُحِبُّ ٱلْكَٰفِرِينَ 32

إِنَّ ٱللَّهَ ٱصْطَفَىٰٓ ءَادَمَ وَنُوحًا

وَءَالَ إِبْرَٰهِيمَ وَءَالَ عِمْرَٰنَ عَلَى

ٱلْعَٰلَمِينَ 33 ذُرِّيَّةًۢ بَعْضُهَا مِنۢ

بَعْضٍ قلى وَٱللَّهُ سَمِيعٌ عَلِيمٌ 34 إِذْ

قَالَتِ ٱمْرَأَتُ عِمْرَٰنَ رَبِّ إِنِّى

نَذَرْتُ لَكَ مَا فِى بَطْنِى مُحَرَّرًا

فَتَقَبَّلْ مِنِّىٓ ۖ إِنَّكَ أَنتَ ٱلسَّمِيعُ

ٱلْعَلِيمُ 35 فَلَمَّا وَضَعَتْهَا قَالَتْ

رَبِّ إِنِّى وَضَعْتُهَآ أُنثَىٰ وَٱللَّهُ

أَعْلَمُ بِمَا وَضَعَتْ وَلَيْسَ ٱلذَّكَرُ

كَٱلْأُنثَىٰ ۖ وَإِنِّى سَمَّيْتُهَا مَرْيَمَ

وَإِنِّىٓ أُعِيذُهَا بِكَ وَذُرِّيَّتَهَا مِنَ

ٱلشَّيْطَٰنِ ٱلرَّجِيمِ 36 فَتَقَبَّلَهَا رَبُّهَا

بِقَبُولٍ حَسَنٍ وَأَنۢبَتَهَا نَبَاتًا حَسَنًا

وَكَفَّلَهَا زَكَرِيَّا ۖ كُلَّمَا دَخَلَ

عَلَيْهَا زَكَرِيَّا ٱلْمِحْرَابَ وَجَدَ

عِندَهَا رِزْقًا ۖ قَالَ يَٰمَرْيَمُ أَنَّىٰ

لَكِ هَٰذَا صلى قَالَتْ هُوَ مِنْ عِندِ ٱللَّهِ صلى

إِنَّ ٱللَّهَ يَرْزُقُ مَن يَشَآءُ بِغَيْرِ

حِسَابٍ 37 هُنَالِكَ دَعَا زَكَرِيَّا

رَبَّهُۥ صلى قَالَ رَبِّ هَبْ لِى مِن

لَّدُنكَ ذُرِّيَّةً طَيِّبَةً صلى إِنَّكَ سَمِيعُ

ٱلدُّعَآءِ 38 فَنَادَتْهُ ٱلْمَلَٰٓئِكَةُ وَهُوَ

قَآئِمٌ يُصَلِّى فِى ٱلْمِحْرَابِ أَنَّ

ٱللَّهَ يُبَشِّرُكَ بِيَحْيَىٰ مُصَدِّقًۢا

بِكَلِمَةٍ مِّنَ ٱللَّهِ وَسَيِّدًا وَحَصُورًا

وَنَبِيًّا مِّنَ ٱلصَّٰلِحِينَ 39

قَالَ رَبِّ أَنَّىٰ يَكُونُ لِى غُلَٰمٌ

وَقَدْ بَلَغَنِىَ ٱلْكِبَرُ وَٱمْرَأَتِى

عَاقِرٌ صلى قَالَ كَذَٰلِكَ ٱللَّهُ يَفْعَلُ مَا
يَشَآءُ 40 قَالَ رَبِّ ٱجْعَل لِّيٓ ءَايَةً صلى
قَالَ ءَايَتُكَ أَلَّا تُكَلِّمَ ٱلنَّاسَ ثَلَٰثَةَ
أَيَّامٍ إِلَّا رَمْزًا قلى وَٱذْكُر رَّبَّكَ كَثِيرًا
وَسَبِّحْ بِٱلْعَشِيِّ وَٱلْإِبْكَٰرِ 41 وَإِذْ
قَالَتِ ٱلْمَلَٰٓئِكَةُ يَٰمَرْيَمُ إِنَّ ٱللَّهَ

ٱصْطَفَىٰكِ وَطَهَّرَكِ وَٱصْطَفَىٰكِ
عَلَىٰ نِسَآءِ ٱلْعَٰلَمِينَ 42 يَٰمَرْيَمُ
ٱقْنُتِى لِرَبِّكِ وَٱسْجُدِى وَٱرْكَعِى
مَعَ ٱلرَّٰكِعِينَ 43 ذَٰلِكَ مِنْ أَنۢبَآءِ
ٱلْغَيْبِ نُوحِيهِ إِلَيْكَ ج وَمَا كُنتَ
لَدَيْهِمْ إِذْ يُلْقُونَ أَقْلَٰمَهُمْ أَيُّهُمْ

يَكْفُلُ مَرْيَمَ وَمَا كُنتَ لَدَيْهِمْ إِذْ

يَخْتَصِمُونَ 44 إِذْ قَالَتِ ٱلْمَلَٰٓئِكَةُ

يَٰمَرْيَمُ إِنَّ ٱللَّهَ يُبَشِّرُكِ بِكَلِمَةٍ

مِّنْهُ ٱسْمُهُ ٱلْمَسِيحُ عِيسَى ٱبْنُ

مَرْيَمَ وَجِيهًا فِى ٱلدُّنْيَا وَٱلْـَٔاخِرَةِ

وَمِنَ ٱلْمُقَرَّبِينَ 45 وَيُكَلِّمُ ٱلنَّاسَ

فِى ٱلْمَهْدِ وَكَهْلًا وَمِنَ
ٱلصَّٰلِحِينَ 46 قَالَتْ رَبِّ أَنَّىٰ
يَكُونُ لِى وَلَدٌ وَلَمْ يَمْسَسْنِى
بَشَرٌ ۖ قَالَ كَذَٰلِكِ ٱللَّهُ يَخْلُقُ مَا
يَشَآءُ ۚ إِذَا قَضَىٰٓ أَمْرًا فَإِنَّمَا
يَقُولُ لَهُۥ كُن فَيَكُونُ 47

وَيُعَلِّمُهُ ٱلْكِتَٰبَ وَٱلْحِكْمَةَ

وَٱلتَّوْرَىٰةَ وَٱلْإِنجِيلَ 48 وَرَسُولًا

إِلَىٰ بَنِىٓ إِسْرَٰٓءِيلَ أَنِّى قَدْ جِئْتُكُم

بِـَٔايَةٍ مِّن رَّبِّكُمْ ۙ صلى أَنِّىٓ أَخْلُقُ لَكُم

مِّنَ ٱلطِّينِ كَهَيْـَٔةِ ٱلطَّيْرِ فَأَنفُخُ

فِيهِ فَيَكُونُ طَيْرًۢا بِإِذْنِ ٱللَّهِ ۖ صلى

وَأُبْرِئُ ٱلْأَكْمَهَ وَٱلْأَبْرَصَ وَأُحْيِ

ٱلْمَوْتَىٰ بِإِذْنِ ٱللَّهِ ۖ وَأُنَبِّئُكُم بِمَا

تَأْكُلُونَ وَمَا تَدَّخِرُونَ فِى

بُيُوتِكُمْ ۚ إِنَّ فِى ذَٰلِكَ لَءَايَةً لَّكُمْ

إِن كُنتُم مُّؤْمِنِينَ 49 وَمُصَدِّقًا لِّمَا

بَيْنَ يَدَىَّ مِنَ ٱلتَّوْرَىٰةِ وَلِأُحِلَّ

لَكُم بَعْضَ ٱلَّذِى حُرِّمَ عَلَيْكُمْ ج

وَجِئْتُكُم بِـَٔايَةٍ مِّن رَّبِّكُمْ فَٱتَّقُوا۟

ٱللَّهَ وَأَطِيعُونِ 50 إِنَّ ٱللَّهَ رَبِّى

وَرَبُّكُمْ فَٱعْبُدُوهُ قلى هَٰذَا صِرَٰطٌ

مُّسْتَقِيمٌ 51

۞ فَلَمَّآ أَحَسَّ عِيسَىٰ مِنْهُمُ

ٱلْكُفْرَ قَالَ مَنْ أَنصَارِىٓ إِلَى ٱللَّهِ صلى

قَالَ ٱلْحَوَارِيُّونَ نَحْنُ أَنصَارُ ٱللَّهِ

ءَامَنَّا بِٱللَّهِ وَٱشْهَدْ بِأَنَّا مُسْلِمُونَ 52

رَبَّنَآ ءَامَنَّا بِمَآ أَنزَلْتَ وَٱتَّبَعْنَا

ٱلرَّسُولَ فَٱكْتُبْنَا مَعَ ٱلشَّٰهِدِينَ 53

وَمَكَرُواْ وَمَكَرَ ٱللَّهُ صلے وَٱللَّهُ خَيْرُ

ٱلْمَٰكِرِينَ 54 إِذْ قَالَ ٱللَّهُ يَٰعِيسَىٰٓ

إِنِّى مُتَوَفِّيكَ وَرَافِعُكَ إِلَىَّ

وَمُطَهِّرُكَ مِنَ ٱلَّذِينَ كَفَرُواْ

وَجَاعِلُ ٱلَّذِينَ ٱتَّبَعُوكَ فَوْقَ

ٱلَّذِينَ كَفَرُوٓاْ إِلَىٰ يَوْمِ ٱلْقِيَٰمَةِ صلے

ثُمَّ إِلَيَّ مَرْجِعُكُمْ فَأَحْكُمُ بَيْنَكُمْ

فِيمَا كُنتُمْ فِيهِ تَخْتَلِفُونَ 55

فَأَمَّا ٱلَّذِينَ كَفَرُوا۟ فَأُعَذِّبُهُمْ

عَذَابًا شَدِيدًا فِى ٱلدُّنْيَا وَٱلْـَٔاخِرَةِ

وَمَا لَهُم مِّن نَّٰصِرِينَ 56

وَأَمَّا ٱلَّذِينَ ءَامَنُواْ وَعَمِلُواْ

ٱلصَّٰلِحَٰتِ فَيُوَفِّيهِمْ أُجُورَهُمْ قلى

وَٱللَّهُ لَا يُحِبُّ ٱلظَّٰلِمِينَ 57

ذَٰلِكَ نَتْلُوهُ عَلَيْكَ مِنَ ٱلْـَٔايَٰتِ

وَٱلذِّكْرِ ٱلْحَكِيمِ 58 إِنَّ مَثَلَ

عِيسَىٰ عِندَ ٱللَّهِ كَمَثَلِ ءَادَمَ صلى

خَلَقَهُۥ مِن تُرَابٍ ثُمَّ قَالَ لَهُۥ كُن

فَيَكُونُ 59 ٱلْحَقُّ مِن رَّبِّكَ فَلَا

تَكُن مِّنَ ٱلْمُمْتَرِينَ 60 فَمَنْ

حَآجَّكَ فِيهِ مِنۢ بَعْدِ مَا جَآءَكَ

مِنَ ٱلْعِلْمِ فَقُلْ تَعَالَوْا۟ نَدْعُ

أَبْنَآءَنَا وَأَبْنَآءَكُمْ وَنِسَآءَنَا

وَنِسَآءَكُمْ وَأَنفُسَنَا وَأَنفُسَكُمْ ثُمَّ

نَبْتَهِلْ فَنَجْعَل لَّعْنَتَ ٱللَّهِ عَلَى

ٱلْكَـٰذِبِينَ 61 إِنَّ هَـٰذَا لَهُوَ

ٱلْقَصَصُ ٱلْحَقُّ ج وَمَا مِنْ إِلَـٰهٍ

إِلَّا ٱللَّهُ ج وَإِنَّ ٱللَّهَ لَهُوَ ٱلْعَزِيزُ

ٱلْحَكِيمُ 62 فَإِن تَوَلَّوْا۟ فَإِنَّ ٱللَّهَ

عَلِيمٌۢ بِٱلْمُفْسِدِينَ 63

قُلْ يَٰٓأَهْلَ ٱلْكِتَٰبِ تَعَالَوْا۟ إِلَىٰ

كَلِمَةٍ سَوَآءٍۭ بَيْنَنَا وَبَيْنَكُمْ أَلَّا

نَعْبُدَ إِلَّا ٱللَّهَ وَلَا نُشْرِكَ بِهِۦ شَيْـًٔا

وَلَا يَتَّخِذَ بَعْضُنَا بَعْضًا أَرْبَابًا

مِّن دُونِ ٱللَّهِ ج فَإِن تَوَلَّوْا۟ فَقُولُوا۟

ٱشْهَدُوا۟ بِأَنَّا مُسْلِمُونَ 64

يَٰٓأَهْلَ ٱلْكِتَٰبِ لِمَ تُحَآجُّونَ فِىٓ

إِبْرَٰهِيمَ وَمَآ أُنزِلَتِ ٱلتَّوْرَىٰةُ

وَٱلْإِنجِيلُ إِلَّا مِنۢ بَعْدِهِۦٓ ج أَفَلَا

تَعْقِلُونَ 65 هَٰٓأَنتُمْ هَٰٓؤُلَآءِ

حَٰجَجْتُمْ فِيمَا لَكُم بِهِۦ عِلْمٌ فَلِمَ

تُحَآجُّونَ فِيمَا لَيْسَ لَكُم بِهِۦ

عِلْمٌ ج وَٱللَّهُ يَعْلَمُ وَأَنتُمْ لَا

تَعْلَمُونَ 66 مَا كَانَ إِبْرَٰهِيمُ يَهُودِيًّا

وَلَا نَصْرَانِيًّا وَلَٰكِن كَانَ حَنِيفًا

مُّسْلِمًا وَمَا كَانَ مِنَ ٱلْمُشْرِكِينَ 67

إِنَّ أَوْلَى ٱلنَّاسِ بِإِبْرَٰهِيمَ لَلَّذِينَ

ٱتَّبَعُوهُ وَهَٰذَا ٱلنَّبِىُّ وَٱلَّذِينَ

ءَامَنُوا۟ قلى وَٱللَّهُ وَلِىُّ ٱلْمُؤْمِنِينَ 68

وَدَّت طَّآئِفَةٌ مِّنْ أَهْلِ ٱلْكِتَٰبِ لَوْ

يُضِلُّونَكُمْ وَمَا يُضِلُّونَ إِلَّآ

أَنفُسَهُمْ وَمَا يَشْعُرُونَ 69

يَٰٓأَهۡلَ ٱلۡكِتَٰبِ لِمَ تَكۡفُرُونَ بِـَٔايَٰتِ
ٱللَّهِ وَأَنتُمۡ تَشۡهَدُونَ 70 يَٰٓأَهۡلَ
ٱلۡكِتَٰبِ لِمَ تَلۡبِسُونَ ٱلۡحَقَّ
بِٱلۡبَٰطِلِ وَتَكۡتُمُونَ ٱلۡحَقَّ وَأَنتُمۡ
تَعۡلَمُونَ 71 وَقَالَت طَّآئِفَةٞ مِّنۡ
أَهۡلِ ٱلۡكِتَٰبِ ءَامِنُواْ بِٱلَّذِيٓ أُنزِلَ

عَلَى ٱلَّذِينَ ءَامَنُوا۟ وَجْهَ ٱلنَّهَارِ

وَٱكْفُرُوٓا۟ ءَاخِرَهُۥ لَعَلَّهُمْ يَرْجِعُونَ 72

وَلَا تُؤْمِنُوٓا۟ إِلَّا لِمَن تَبِعَ دِينَكُمْ

قُلْ إِنَّ ٱلْهُدَىٰ هُدَى ٱللَّهِ أَن يُؤْتَىٰٓ

أَحَدٌ مِّثْلَ مَآ أُوتِيتُمْ أَوْ يُحَآجُّوكُمْ

عِندَ رَبِّكُمْ قلى قُلْ إِنَّ ٱلْفَضْلَ بِيَدِ

ٱللَّهِ يُؤْتِيهِ مَن يَشَآءُ قلى وَٱللَّهُ

وَٰسِعٌ عَلِيمٌ 73 يَخْتَصُّ بِرَحْمَتِهِۦ

مَن يَشَآءُ قلى وَٱللَّهُ ذُو ٱلْفَضْلِ

ٱلْعَظِيمِ 74

۞ وَمِنْ أَهْلِ ٱلْكِتَٰبِ مَنْ إِن

تَأْمَنْهُ بِقِنطَارٍ يُؤَدِّهِۦٓ إِلَيْكَ وَمِنْهُم

مَّنْ إِن تَأْمَنْهُ بِدِينَارٍ لَّا يُؤَدِّهِۦٓ

إِلَيْكَ إِلَّا مَا دُمْتَ عَلَيْهِ قَآئِمًا ۗ

ذَٰلِكَ بِأَنَّهُمْ قَالُوا۟ لَيْسَ عَلَيْنَا فِى

ٱلْأُمِّيِّـۧنَ سَبِيلٌ وَيَقُولُونَ عَلَى

ٱللَّهِ ٱلْكَذِبَ وَهُمْ يَعْلَمُونَ 75

بَلَىٰ مَنْ أَوْفَىٰ بِعَهْدِهِۦ وَٱتَّقَىٰ

فَإِنَّ ٱللَّهَ يُحِبُّ ٱلْمُتَّقِينَ 76 إِنَّ

ٱلَّذِينَ يَشْتَرُونَ بِعَهْدِ ٱللَّهِ

وَأَيْمَـٰنِهِمْ ثَمَنًا قَلِيلًا أُو۟لَـٰٓئِكَ لَا

خَلَٰقَ لَهُمْ فِى ٱلْـَٔاخِرَةِ وَلَا

يُكَلِّمُهُمُ ٱللَّهُ وَلَا يَنظُرُ إِلَيْهِمْ يَوْمَ

ٱلْقِيَٰمَةِ وَلَا يُزَكِّيهِمْ وَلَهُمْ عَذَابٌ

أَلِيمٌ 77 وَإِنَّ مِنْهُمْ لَفَرِيقًا يَلْوُۥنَ

أَلْسِنَتَهُم بِٱلْكِتَٰبِ لِتَحْسَبُوهُ مِنَ

ٱلْكِتَٰبِ وَمَا هُوَ مِنَ ٱلْكِتَٰبِ

وَيَقُولُونَ هُوَ مِنْ عِندِ ٱللَّهِ وَمَا

هُوَ مِنْ عِندِ ٱللَّهِ وَيَقُولُونَ عَلَى

ٱللَّهِ ٱلْكَذِبَ وَهُمْ يَعْلَمُونَ 78

مَا كَانَ لِبَشَرٍ أَن يُؤْتِيَهُ ٱللَّهُ

ٱلْكِتَـٰبَ وَٱلْحُكْمَ وَٱلنُّبُوَّةَ ثُمَّ

يَقُولَ لِلنَّاسِ كُونُوا۟ عِبَادًا لِّى مِن

دُونِ ٱللَّهِ وَلَٰكِن كُونُواْ رَبَّٰنِيِّـۧنَ

بِمَا كُنتُمْ تُعَلِّمُونَ ٱلْكِتَٰبَ وَبِمَا

كُنتُمْ تَدْرُسُونَ 79 وَلَا يَأْمُرَكُمْ أَن

تَتَّخِذُواْ ٱلْمَلَٰٓئِكَةَ وَٱلنَّبِيِّـۧنَ أَرْبَابًا قلى

أَيَأْمُرُكُم بِٱلْكُفْرِ بَعْدَ إِذْ أَنتُم

مُّسْلِمُونَ 80

وَإِذْ أَخَذَ ٱللَّهُ مِيثَٰقَ ٱلنَّبِيِّۦنَ لَمَآ

ءَاتَيْتُكُم مِّن كِتَٰبٍ وَحِكْمَةٍ ثُمَّ

جَآءَكُمْ رَسُولٌ مُّصَدِّقٌ لِّمَا مَعَكُمْ

لَتُؤْمِنُنَّ بِهِۦ وَلَتَنصُرُنَّهُۥ ج قَالَ

ءَأَقْرَرْتُمْ وَأَخَذْتُمْ عَلَىٰ ذَٰلِكُمْ

إِصْرِى صلى قَالُوٓاْ أَقْرَرْنَا ج قَالَ

فَٱشْهَدُواْ وَأَنَا۠ مَعَكُم مِّنَ

ٱلشَّٰهِدِينَ **81** فَمَن تَوَلَّىٰ بَعْدَ

ذَٰلِكَ فَأُوْلَٰٓئِكَ هُمُ ٱلْفَٰسِقُونَ **82**

أَفَغَيْرَ دِينِ ٱللَّهِ يَبْغُونَ وَلَهُۥٓ أَسْلَمَ

مَن فِى ٱلسَّمَٰوَٰتِ وَٱلْأَرْضِ

طَوْعًا وَكَرْهًا وَإِلَيْهِ يُرْجَعُونَ **83**

قُلْ ءَامَنَّا بِٱللَّهِ وَمَآ أُنزِلَ عَلَيْنَا

وَمَآ أُنزِلَ عَلَىٰٓ إِبْرَٰهِيمَ وَإِسْمَٰعِيلَ

وَإِسْحَٰقَ وَيَعْقُوبَ وَٱلْأَسْبَاطِ

وَمَآ أُوتِىَ مُوسَىٰ وَعِيسَىٰ

وَٱلنَّبِيُّونَ مِن رَّبِّهِمْ لَا نُفَرِّقُ بَيْنَ

أَحَدٍ مِّنْهُمْ وَنَحْنُ لَهُۥ مُسْلِمُونَ 84

وَمَن يَبْتَغِ غَيْرَ ٱلْإِسْلَٰمِ دِينًا فَلَن

يُقْبَلَ مِنْهُ وَهُوَ فِى ٱلْـَٔاخِرَةِ مِنَ

ٱلْخَٰسِرِينَ 85 كَيْفَ يَهْدِى ٱللَّهُ

قَوْمًا كَفَرُوا۟ بَعْدَ إِيمَٰنِهِمْ

وَشَهِدُوٓا۟ أَنَّ ٱلرَّسُولَ حَقٌّ

وَجَآءَهُمُ ٱلْبَيِّنَٰتُ ج وَٱللَّهُ لَا

يَهْدِى ٱلْقَوْمَ ٱلظَّٰلِمِينَ 86

أُو۟لَٰٓئِكَ جَزَآؤُهُمْ أَنَّ عَلَيْهِمْ لَعْنَةَ

ٱللَّهِ وَٱلْمَلَٰٓئِكَةِ وَٱلنَّاسِ أَجْمَعِينَ 87

خَٰلِدِينَ فِيهَا لَا يُخَفَّفُ عَنْهُمُ

ٱلْعَذَابُ وَلَا هُمْ يُنظَرُونَ 88

إِلَّا ٱلَّذِينَ تَابُوا۟ مِنۢ بَعْدِ ذَٰلِكَ

وَأَصْلَحُوا۟ فَإِنَّ ٱللَّهَ غَفُورٌ رَّحِيمٌ 89

إِنَّ ٱلَّذِينَ كَفَرُوا۟ بَعْدَ إِيمَٰنِهِمْ ثُمَّ

ٱزْدَادُوا۟ كُفْرًا لَّن تُقْبَلَ تَوْبَتُهُمْ

وَأُو۟لَٰٓئِكَ هُمُ ٱلضَّآلُّونَ 90 إِنَّ

ٱلَّذِينَ كَفَرُوا۟ وَمَاتُوا۟ وَهُمْ كُفَّارٌ

فَلَن يُقْبَلَ مِنْ أَحَدِهِم مِّلْءُ

ٱلْأَرْضِ ذَهَبًا وَلَوِ ٱفْتَدَىٰ بِهِۦٓ ۗ

أُو۟لَـٰٓئِكَ لَهُمْ عَذَابٌ أَلِيمٌ وَمَا لَهُم

مِّن نَّـٰصِرِينَ 91 لَن تَنَالُوا۟ ٱلْبِرَّ

حَتَّىٰ تُنفِقُوا۟ مِمَّا تُحِبُّونَ ۚ وَمَا

تُنفِقُواْ مِن شَىْءٍ فَإِنَّ ٱللَّهَ بِهِۦ

عَلِيمٌ 92

End of Hizb 6

الحمدلله